の
平和力

池尾 靖志

岩波ブックレット No. 848

1　自治と平和の深い関係

自分たちのことは、自分たちで決める。これを「自治」という。私たちは、自分たちの暮らす地域の自治を確立していくことによって、自分たちの力で平和を築くことができる。私たちの社会のありようを、他律的に決められるのではなく、自分たちの暮らす社会のことは自分たちで決めるという意思があってこそ、自治はなりたつ。

「自治体」とは

私たちのもっとも身近な行政機関は、自治体である。私たちが日頃から、お世話になることと言えば、ゴミの収集などの公衆衛生や、地域の生活道路を整備したり、学校を建てたり、公民館や市民ホールを運営したりと、自治体は数え切れないぐらいの仕事を担っている。これ以外にも、自治体の運営する公営企業が提供するサービスである上下水道、地域によっては、交通局の運営するバスや地下鉄などがあるだろう。このように自治体は、私たちの生活にはなくてはならない存在である。

では、自治体は、平和の問題にはかかわらないのだろうか。

平和の意味を広くとれば、あらゆる自治体の仕事は、平和の問題と密接にかかわっているといえる。だが、平和の意味を狭く理解すると、政府の「専管事項」とされることの多い、安全保障の問題とのかかわりを考える必要がある。

自治体が安全保障の問題に関与することは、本当にできないのだろうか。本書では、主にこのことを考えてみたい。なぜなら、安全保障の問題は、地域の人々の生活や財産を守るために必要不可欠な問題であるばかりでなく、ときに、国家の安全保障政策によって、地域住民の安全や平和な暮らしが脅かされることもあるからである。この時に、行政機関である自治体と政府の関係が重要になってくる。

本書を読み進めていくために、はじめに、「平和」とはどのような状態を指すのかを整理してみよう。

さまざまな意味をもつ「平和」

平和という概念は、よく戦争と対比して用いられるが、では、戦争がなければ平和なのかといわれると、必ずしもそうとはいえない。たとえば、飢餓や貧困、地球環境の悪化、人権侵害の問題などで苦しんでいる人たちは、けっして平和な状態にいるとはいえない。

平和学において、「平和」の対となる概念は、戦争をふくむ「暴力」である。一九六〇年代に、「南北問題」（先進国と途上国との間の経済的・社会的格差が引き起こすさまざまな問題）が着目されるようになると、平和学の提唱者であるヨハン・ガルトゥングは、人間の自己実現を阻む諸要因をひろく「暴力」と捉え、「暴力」のない世界を「平和」であると考えた。さらに、ガルトゥングは、加害責任を問える暴力のことを「直接的暴力」と位置づけ、直接的暴力のない世界のことを「消極的平和」と呼んだ。戦争は、人々のいのちを奪い、政府の加害責任を問うことができるという意味で、直接的暴力である。

他方で、人々の自己実現を阻む諸要因の多くは、社会構造に深く根ざしている。たとえば、私たちの身の回りにあるさまざまな差別はその典型である。差別する人間を罰したところで、差別を生み出す社会構造そのものがなくなるわけではない。さらに、飢餓や貧困を生み出す社会構造や、気候変動をはじめとする地球環境問題など、人間のライフ・スタイルとも深く関わり、誰かに加害責任を押しつけることのできない問題によって、地球上のどこかで暮らしている人々の生活が脅かされる事態も数多く見られる。ガルトゥングは、身の回りの問題から地球規模で生起する問題にいたるまで、社会構造に深く根ざしている暴力を「構造的暴力」と位置づけて問題視し、構造的暴力のない世界のことを「積極的平和」と呼んだ。

この観点から考えると、自治体は、まず、「積極的平和」の実現のためには欠かせない存在だということができる。たとえば、女性の社会進出を阻む諸要因も「構造的暴力」と捉えられるが、これを取り除くためには、政府のさまざまな施策に加えて、自治体による子育て支援などの具体的な施策が欠かせない。そもそも、政府が政策を決定しても、それを具体的に事業として実施するのは自治体で、政府は補助金を出すだけ、ということが多い。地域住民ともっとも身近に接する行政機関である自治体は、地域の実状に応じた施策を展開することが可能である。

日本国憲法は国民の平和的生存権を保障している。地方自治法は、第一条で、自治体の役割として「住民の福祉の増進を図ることを基本として、地域における行政を自主的かつ総合的に実施する」としている。国家や自治体には、人々の「生きる権利」を保障する責務がある。

信頼醸成と自治体の役割

ガルトゥングの「平和」の定義、すなわち、（直接的、もしくは構造的な）暴力のない状態とする捉え方は、たしかに、戦争がなくても平和とはいえない状況のあることを浮き彫りにした。そして、その広義の「平和」の実現のためには自治体の役割が欠かせないが、一方で、狭義の（私たちが一般的に使っている）平和にとっては、自治体は、むしろ管轄外に位置づけられることが多い。外交と安全保障の問題は自らの役割だと主張することの多い政府からだけでなく、自治体の関係者自身からも、安全保障の問題は自治体の仕事の外だという発言を聞くことがあるが、本当にそれでいいのだろうか。

私たちの日常生活を例にとり、「平和」とは何か、どのようにして「つくり出される」のかを、具体的に考えてみよう。私たちをとりまく人間関係を考えてみたときに、友人や家族の間でも意見が食い違うことはよくある。しかし、たとえ意見が食い違っても、普段からの信頼関係があれば深刻な喧嘩にはならない。逆に、信頼関係がなければ、ささいな対立も紛争へ発展する。

国家間においても同様のことが言える。領土問題や歴史問題など、国家間の紛争の原因は少なくないが、お互いに信頼関係があれば、そうした紛争も、武力や実力行使によらず、話し合いによって解決をはかることが可能である。日頃から信頼関係を培っておくことを「信頼醸成」といい、国際的な平和をつくり出すためには、この信頼醸成をはかることが必要である。

信頼醸成を阻むもののひとつに、ナショナリズムがある。

現在の日本と、日本を取り巻く周辺諸国との関係を考えてみよう。二〇一二年六月に、日本の民間団体と中国のメディアが共同で実施した世論調査によれば、中国に対して「印象は良くない」と答えた日本人が八四・三%にも達したという。中国を敵視し、尖閣諸島の問題などでナショナリズムを煽《あお》る発言を繰り返してきた石原慎太郎・東京都知事や、「南京事件はなかった」と発言した河村たかし・名古屋市長といった、世論に対して影響力のある自治体首長の発言は、こうした傾向を助長するとともに、隣国との間に大きな亀裂を生み出している。東京都と北京市の姉妹都市交流は長く停滞し、河村発言では名古屋市と姉妹都市提携を結ぶ南京市との間の交流行事が延期になる事態も招いた。

二〇一二年は日中国交回復四〇周年にあたる。日本は、アメリカ一辺倒の外交を見直し、北東アジアの一員として、中国や韓国、北朝鮮やロシアなどの国々との関係を良好なものにしていくことが、この地域の平和と安定のために求められている。ナショナリズムなどの阻害要因によって国家間の関係が対立し膠着《こうちゃく》したとき、自治体は、「国益」を重視する国家の論理から抜け出し、姉妹都市提携のように国境を越えて自治体同士が結びつくことによって、草の根の信頼醸成を促進し、平和をつくり出していくことのできる存在である。こうした国境を越えた結びつきのことを、トランスナショナル(脱国家・超国境)な動きという。

自治体は国家主権を持たない。一六四八年にウェストファリア・システム(近代国際政治体系)

が成立して以降、国家は、強制力(軍事力および警察力)を持つことの許された存在となった。しかし、自治体はそのような主体ではない。軍事力に裏づけされた外交を、自治体の首長は直接的には担わない。それゆえに、自治体は、国家の論理による制約を超えて、人と人との交流(民際外交)を積極的に行ない、他国の人たちとの信頼醸成を促進することができる。しかし、現実には、ナショナリズムを煽り立てるような無責任な言動を行なう首長が存在する現状もある。自治体の動きが、日本にとっても、国際社会にとっても、平和をつくり出す一つのきっかけとなることを覚えておきたい。

どの視点から平和を語るのか

平和の問題を考えるときに、どの視点から平和を語るのかは、重要な問題である。

たとえばアメリカは、二〇〇三年、大量破壊兵器の保有や核開発が疑われたイラクに対して軍事攻撃を行なった。イラクによる実際の攻撃が行なわれていない段階で、それも「大量破壊兵器」を製造・所有しているという確たる証拠もない状況での先制攻撃は国際法に違反するとして、日本も含め、国際的な反対運動が盛り上がったが、アメリカは攻撃を強行した。結局、イラクは大量破壊兵器を製造も所有もしていなかったのだが、その後もアメリカは核開発の疑惑が持たれている(そして「親米的」ではない)イランや北朝鮮を敵視する政策を続けている。アメリカ政府にとっての「平和」とは、アメリカ本土が大量破壊兵器による威嚇を受けないことなのだろう。しかし、アメリカの武力攻撃によって、アフガニスタンやイラクでは多くの市民が犠牲になった。

さらに、一九九一年の湾岸戦争に引き続き、イラク戦争でも、アメリカは劣化ウラン弾を使用している。そのため、放射線障害とみられる症状が多くの市民に生まれている。このような市民にとってみれば、アメリカによる武力攻撃こそが自分たちの平和を脅かしていると考えるのは当然だろう。

どの視点から平和を語るのか、もう一つの事例を考えてみたい。

軍事力を保有することによる「抑止力」が、平和の実現にとって不可欠であると考える人も多い。日本の場合、日米安保条約による在日米軍とアメリカの「核の傘」が戦争を抑止し、「平和」を実現していると考える人もいる。現在の日本政府はこの考え方に立っている。

この考え方に対しては、三つの問題点が指摘できるだろう。

第一に、実際に「抑止力」が機能しているかどうかは誰にも検証できないということである。他国から武力攻撃を受けたときに「抑止力は機能しなかった」と言うことはできるが、攻撃を受けていない原因が抑止力によるとは言えない。

第二には、軍事同盟である日米安保体制と在日米軍の存在は、むしろ人々の生活と平和を脅かし、北東アジア地域の不安定要因となっているのではないか、という問題である。

そして第三に、国土の〇・六パーセントの面積に過ぎない沖縄県に、約七四パーセントの在日米軍基地(専用施設)が集中している現状をどう考えるのか、という点である。沖縄では米軍基地の集中によって、米兵による女性への暴行事件をはじめ、きわめて多くの被害が発生している。これは、日本の民主主義にかかわる問題ではないだろうか。もし、本当に、日米安保体制によって「平和」が保たれているとすれば、いったいその「平和」とは何なのか、誰の視点からの「平和」なのか、一部の人たちの犠牲の上に成り立つ「平和」とは何なのかを、ガルトゥングの平和の定義を持ちだして考えるまでもなく、自らに問わなければならない。

MV22オスプレイの配備問題に見られるように、最新鋭だけれども事故の多い軍用機を、沖縄の米軍基地に配備することが、在日米軍の「抑止力」を強化し、「平和」につながると考えるのが日本政府や防衛省の考え方だとするならば、軍用機が住宅地に墜落するかもしれない危険性や、さらなる米軍基地の強化・固定化につながること、すなわち住民自身の「平和」が脅かされるとして配備を拒絶するのが、沖縄県をはじめとする沖縄の自治体の考え方である。

こう見ると、政府と自治体では、「平和」の捉え方に大きな違いがあるようにも見える。しかし、より本質的に考えるならば、沖縄の自治体の考え方は、本来であれば日本政府の守るべき最高規範である、日本国憲法の平和主義の考え方に基づいていることが見えてくる。

「自治体の平和力」が本当に発揮される瞬間は、住民の福祉を守ろうとする自治体の姿勢と憲法の平和主義とが分かちがたく結びつき、ときに憲法をないがしろにして「現実政治」に追随してしまいがちな政府の施策に抵抗する時だろう。次章では、その政府と自治体の関係を、歴史的な時間軸に沿って見ていくことにしたい。

2 「国策」に抵抗する自治体

中央集権体制と軍部の政治的台頭

明治維新によって、日本は鎖国から解き放たれ、開国した。これ以降、明治新政府は、「富国強兵」「殖産興業」をスローガンに掲げて日本の工業化を推し進めるとともに、軍事力を増強させることで、欧米列強と肩を並べようとしてきた。

西欧列強に追いつき、追い越すために、強力な中央集権による国家建設は不可欠とされた。このため、地域住民による自治という考え方は大日本帝国憲法(明治憲法)の中にはみられない。中央政府から官吏が送り込まれ、上意下達のシステムがつくられた。国民を統合するための教育も政府の仕事とされ、文部省(現・文部科学省)による国定教科書制度が導入されるとともに、「教育勅語」が重視された。

一八八九年に制定された大日本帝国憲法では、貴族院と衆議院による二院制がしかれた。衆議院議員の選出にあたっては、年齢や所得、そして性別による制限はあったものの、普通選挙制度がとられ、内閣も組織された。ただし、政治権力の濫用《らんよう》をチェックする仕組みもなく、一九二五年に普通選挙法と同時に施行された治安維持法によって、人々が政治権力に対して自由に発言する機会も大きく制約された。

選挙で選ばれた議員で構成される衆議院の権能も限定され、貴族院や枢密院、軍部への統制などは、衆議院の権能外であった。天皇主権のもとで、国民は「臣民」と位置づけられ、普通の人たちの人権は、「法律の許す範囲において」許容されるのみであった。

大日本帝国憲法では、軍に対する統帥権は唯一の主権者である天皇が持っていた。さらに、陸軍大臣、海軍大臣の資格を現役の武官（軍人）に限る制度＝現役大臣武官制によって、内閣の組閣に軍部が大きな発言権を持つこととなり、そのこともあって、日本は軍国主義化に歯止めのかからない状況となり、アジア・太平洋戦争へと突き進んでいった。

日清戦争、日露戦争、第一次世界大戦と、日本は戦争をしつづけてきたが、いわゆる「十五年戦争」の時代に入り、日本の敗戦色が次第に強くなってくると、軍隊の大幅な増員が必要となってきた。このため、現役兵のみならず、すでに一般人として生活を営んでいた比較的高齢の予備兵や国民兵までが、入隊を余儀なくされた。市町村は、兵役につかせられる地域内の者を詳細に掌握し、召集令状（いわゆる「赤紙」）を本人に手渡す役割を担っていた。

日本国憲法によって保障された地方自治

軍部の政治的台頭を許す憲法構造が、日本をアジア・太平洋戦争へと駆り立てていった一つの要因であったことから、敗戦後につくられた日本国憲法では、政治権力が集中しないように、さまざまなしくみが盛り込まれることとなった。

まず、三権分立の確立によって、「司法権の独立」が保障され、司法が、行政権や立法権に対して、違憲立法審査権を発動できるようにした。また、内閣総理大臣は、選挙で選ばれた国会議員の中で多数決によって指名されることになり、間接的であるにせよ、行政のトップを私たちが選挙で選ぶというしくみが導入された。それぞれの行政機関で働く官僚をコントロールする各省庁の大臣は内閣総理大臣によって任命される。このように、内閣(行政)と国会(立法)とが連帯責任を負う議院内閣制によって、私たちの民意が直接、政府に反映されるとともに、三権分立のしくみが整えられた。

そして、日本国憲法の中には「地方自治」の章が新たに書き込まれ、私たちの意見が直接、自治体を通じて国家に反映されるしくみが盛り込まれることになった。

憲法第九二条や、地方自治法などには、「地方自治の本旨」という言葉が書かれている。この言葉には、一般的には、「団体自治」と「住民自治」の二つが含まれると考えられている。

「団体自治」とは、自治体(法律では「地方公共団体」と呼ぶ)の国家に対する独立性が保障され、自治体みずからの権限と責任において地域行政を担うことである。また、「住民自治」とは、地域住民の意思と責任において、地域行政を行なうという原則である。

補助金による国の自治体に対する制約と圧力

ただ、今の日本の自治体は、実質的な権限を持っているとは必ずしもいえない状況にある。そもそも、自治体を運営していくために必要な資源の多くは政府が握っており、自治体みずからの権限で得られる収入(自主財源)はきわめて少ない。住民税などの地方税は自主財源の核を占めるが、地方交付税は国の一般会計を経由してくることから依存財源とされる。地方債も自治体自身の判断で起債することができないので、依存財源に分類されている。自治体の権限を強めるためには、自主財源の確保と強化が必要である。

現在、ほとんどの自治体は政府からの地方交付税なしでは立ち行かない財政状況にある。福祉や教育などの分野において、全国を通じて一定水準のサービスを保証していくためには、財源の豊かな地域とそうでない地域との間で財政調整を行なう必要はもちろんあるが、自治体が自前の財源だけでは立ち行かない状況を利用するかのように、政府が、国策に従う自治体には補助金を交付するというしくみによって、事実上、自治体の行動を制約していることは見逃せない。

たとえば、原子力発電所が立地している自治体に交付される、いわゆる電源三法（電源開発促進税法、電源開発促進対策特別会計法、発電用施設周辺地域整備法）交付金である。エネルギー政策は、安全保障政策と並んで、「国策」として政府が推進していく傾向が強いが、原子力発電所は、いったん事故が起きたときには大変な被害が避けられない「迷惑施設」であるため、地域の反対は非常に強い。

そこで、一九七四年に制定された電源三法による交付金制度によって、原子力発電所の建設を自治体に認めさせる見返りに交付金を配分し、原発建設に反対する住民を懐柔していった。こうして、日本の、いわゆる「過疎」の地域に原子力発電所が次々につくられていった。この代償が二〇一一年三月に起きた福島第一原子力発電所の事故にほかならない。事故後、福島第一原発の地元自治体のひとつである福島県双葉町の井戸川克隆町長は、二〇一二年一月に横浜で開催された「脱原発世界会議」において、原発を誘致してきた町の責任に言及し、「自分たちを反面教師にしてほしい」と述べた。

また、二〇〇五年から〇六年にかけて、日米両政府は在日米軍の再編を進めていくことを決めた。そのために、日本政府は「米軍再編交付金」という制度を設けている。これは、二〇〇七年五月に国会で制定された「駐留軍等の再編の円滑な実施に関する特別措置法」(米軍再編特措法、二〇一七年三月末までの一〇年間の時限立法)にもとづくもので、米軍再編によって基地負担の増える自治体に対して、①受け入れ表明、②環境影響評価(アセスメント)への着手、③施設整備への着手、④実際の再編計画の実施受け入れ、といった再編計画への協力の進展度合いに応じて、交付される金額が増えるしくみになっている。二〇〇七年度には五一億円が計上され、二〇〇九年度までの間に、全国三九市町村に計二三〇億円が配分されたとされる。米軍再編の進展に支障が生じた場合には減額、さらには交付を停止できるという規定があり、実際に交付が止められた例もある。それが、普天間飛行場の移設候補地とされるキャンプ・シュワブの位置する沖縄県名護市で、二〇一〇年に移設反対派の市長が誕生したことによって、交付が停止された。

では、自治体が政府に財源を奪われている状況を跳ね返していく手立てはないのだろうか。

自治体レベルでいえば、条例によって自主的に課税をすることもできるが、個人レベルでも容易に取り組むことができることとしては、任意の自治体に寄付することで、寄付した額のほぼ全額が税額控除される「ふるさと納税」制度を活用することなどが考えられる。これは、二〇〇八年四月三〇日に公布された「地方税法等の一部を改正する法律」により、個人住民税の寄附金税制が大幅に拡充される形で導入された。こうした制度を活用して、例えば、総務省では、東日本大震災の被災地以外の出身者であっても、復興支援を行なうことができると、ホームページ上で呼びかけている。こうした制度を活用して、国の安全保障政策に異を唱え、交付金を停止された自治体を、一個人のレベルでも支援することができるだろう。

国策に反対し抵抗する自治体の動き

現在の日本で、自治体と平和の問題を考えようとするとき、日米安保条約と、それに基づいて駐留する在日米軍の存在を抜きには語れない。

アメリカによる軍事占領から日本が独立しようとするとき、国際社会は冷戦の時代を迎えていた。日本国内では、アメリカ側だけでなくソ連を中心とする東側陣営とも講和を結ぶべきだとする全面講和の考え方と、アメリカを中心とする西側陣営とのみ講和を結ぶべきだとする片面講和の考え方の間で、国論は二分した。しかし、独立後の日本の安全保障をアメリカに依存しようと考えた日本政府は、西側陣営の一員として国際社会に復帰する道を選択した。

一九五一年、日本は、サンフランシスコ講和条約に調印すると同時に、アメリカと日米安保条約を締結した。その結果、日本は、アメリカの提供する「核の傘」に依存しながら、一方で核兵器廃絶を唱えるという矛盾した立場に立つことになった。今日、日本政府による核兵器廃絶を訴える声が国際社会に十分に届かないのは、アメリカの核兵器に依存する日本政府の安全保障政策のまやかしを、国際社会が見透かしているためである。

被爆自治体である広島市や長崎市は、毎年八月に発表する「平和宣言」において、その時々の時代状況に応じた内容を文言に盛り込みつつ、核兵器廃絶を訴えてきた。ときに、広島市や長崎市の平和宣言は、核兵器による抑止力に依拠する政府の態度をも批判している。また、後述するように、自治体から非核・核廃絶のうねりをつくり出していくために、広島市と長崎市は、それぞれ「平和市長会議」や「非核宣言自治体協議会」を立ち上げている。

だが、福島第一原子力発電所の事故は、人類が原子力を完全にコントロールすることはできないことを露呈した。核(nuclear)の被害は、軍事利用であっても、平和利用であっても、ひとしく、人々に放射線による影響を与えることが明らかとなったのである。放射能汚染により原発立地自治体の住民を見通しの立たない避難生活に追い込み、日常生活を安心して送ることのできない状況を広範囲につくり出した。これに加え、世界に放射能汚染を拡散させる罪を、日本は犯すこととなった。核の「平和利用」、すなわち原子力発電は安全だという「安全神話」は崩れ去り、いったん、核にかかわる事故が起きれば、平和利用も軍事利用も関係なく、核による放射能汚染が大変な被害をもたらすことが明らかになった。

だが、日本政府は、アメリカによる核抑止力に依存するのみならず、原子力発電に対しても肯定的な姿勢を変えないままでいる。二〇一二年五月には日本にあるすべての原子力発電所が停止したが、野田佳彦首相は、電力不足によって「国民の生活の安定」が脅かされるとの理由から、国民の強い反対を押し切って原発の再稼働を進めた。

こうした政府の動きに対し、自治体の側からは、二〇一二年四月二八日、「脱原発をめざす首長会議」が設立され、原発の存在しない沖縄県をのぞき、三五都道府県から、現職、元職をふくめて、七三名の首長が名を連ね、再稼働への抗議をするなどの取り組みを行なっている。その中心的なメンバーの中には、村上達也・東海村村長のように、原子力発電所が立地している自治体の首長も含まれている。

このように、政府の見解とは異なる態度を自治体のトップである首長が示すことによって、政府の政策を自治体から批判していくことは可能なのである。

3 平和政策は政府の「専管事項」か

外交や安全保障の問題は、一般的には、政府の「専管事項」であるといわれる。国際社会において、国家を代表するのは政府であり、政府のみが軍事力を行使する正当な主体であるとみなされていることはすでに述べた。

しかし、政府の行なう外交や安全保障政策によって、自分たちの生活を脅かす問題が起きることはありうることだ。そのときに、自治体には、政府の政策に対して意見を述べたり反対したりする権利は保障されていないのだろうか。さらに言えば、安全保障は、軍事力に裏づけされた政府による外交手段によってしか、実現されえないものなのだろうか。有事を未然に防ぐための外交をも、ひろく安全保障のために必要なものであると考えるならば、自治体が諸外国の自治体や人々と交流を持ち、信頼醸成を培うことこそが、安全保障政策には必要不可欠であるといえるのではないだろうか。

そこで、ここでは、外交問題に自治体が積極的に取り組むと同時に、政府もまた自治体の国際交流活動を支援するようになってきたことを確認しながら、安全保障の問題に関して、政府の政策によって、自治体に対応が求められている状況を見ていこう。

民際交流と自治体

自治体は、NGO（非政府組織）や個人などと同じく、国家主権を持たない非国家的主体だからこそ、他国の都市とも対等な立場に立ち、「国益」と言われる国家の論理にとらわれずに関係を結ぶことができる。また、自治体は軍隊を持たない。軍事力を保有し、他国への威嚇／行使によって排他的な利益を追求しようとする国家とは異なる論理で、自治体は平和を追求できる立場にある。

外交という正式な国家間関係が硬直したときに、自治体は有効な外交チャンネルを提供する。自治体は、サブナショナルな行為体であると同時に、国境を越えて他国の人たちとも結びつくトランスナショナルな行為体でもある。いまや自治体も、諸外国に駐在事務所をかまえ、経済交流、人的交流、技術研修などを通じた国際交流をする時代に入った。

自治体のもつ可能性を引き出すことができるかどうかは、地域住民の認識や、自治体の政策を地域住民が支持しているかどうかによるところが大きい。国家の枠組みから離れたところで、国境を越えて人々が結びつくことを、国際関係ならぬ民際関係という。私たちは、自治体を活用し、民際関係を築き、国境を越えて、人たちと交流を進めていくことのできる時代に生きているのである。

「民際」という言葉は、一九七五年に神奈川県知事に就任した長洲一二が、国家間の交渉である国際外交に対して、民衆どうし、地域どうしの国境を越えた交流を意味して考えだした造語であり、自治体の立場から世界平和の実現に寄与するという姿勢を表現する言葉として使われている。従来、外交は政府の専管事項であるとする外務省の立場とは対立するこの概念だったが、今では、外務省も地域の国際交流を促すまでにいたった。

外務省は、二〇〇六年八月に「地方連携推進室」を設置し、①地方の魅力を世界に発信する場の提供、②地方の国際的取り組みへの支援、③地方の国際交流に関する情報交換の場の提供、を三つの柱として、地域の国際交流を支援する取り組みを行なっている。また、ホームページ上に、「グローカル外交ネット」(グローカルとは、グローバルとローカルを組み合わせた造語)を立ち上げ、地域の国際交流に関する情報を提供している。

現在、日本の自治体のうち、海外の自治体と姉妹都市提携を結んでいる自治体は八五二あり、あわせて一六一九の都市と提携を結んでいる(二〇一二年四月三〇日現在)。こうした民際関係は、人々の交流を促進させることによって、相互理解を深め、信頼醸成を深めていく機会を提供する。平和を築いていくために、自治体による、こうした日常的な民際関係を重視したい。

有事法制と自治体

国際的相互依存が進む現在において、武力行使によって得られる利益と、貿易などを通じた相互交流を通じて得られる利益とを比べれば、後者によって得られる利益の方が圧倒的に大きい。すでに時代は、軍事力の行使によって利益を追求しようとする時代ではなくなっている。

このことは、軍事力を有する主権国家のみが国際関係の主体である時代が終わったことをも意味する。軍事力を持たない多国籍企業やＮＧＯが活躍する時代であり、その中で自治体も役割を発揮することが期待される。外国の自治体と経済交流や技術交流を進め、さらには、核兵器を保有することに固執する国々に対して国際的・民際的な自治体間連携によって圧力をかけ、「核のない世界」を実現するために活動する機会が増大したことを意味する。

だが、日本においては、これとむしろ逆行する動きが進められてきた。

一九九六年、日本政府は、アメリカ政府との間で日本安保共同宣言を発表し、冷戦終結後も日米安保体制が必要不可欠であるとする日米安保「再定義」を行なった。アメリカは、アジア太平洋地域の安定のためには引き続き米軍のプレゼンスが必要であり、約一〇万人の前方展開軍事要員を配備しておくことが必要であると主張した。フィリピンなどでは米軍の兵力が削減されたが、沖縄に配備されている米軍はほとんど削減されなかった。このことが、今なお、沖縄に過重負担をあたえることにつながっている。

一九九七年には、「日米防衛協力のための指針」(ガイドライン)が見直され、「周辺事態」という言葉がはじめて盛り込まれた。これは、「我が国周辺地域において我が国の平和と安全に重要な影響を与えるような事態」を指し、これまでの日米安保体制で限定されていた「極東」という地理的範囲が状況的な判断に委ねられることとなり、実質的に地理的な限定が取り払われたことを意味する。一九九九年には「周辺事態法」が成立し、周辺有事の際の基本計画や、米軍に対する自衛隊の後方支援や協力を定めた。

さらに、二〇〇三年以降には、「武力攻撃事態法」をはじめとする有事法制が成立した。武力攻撃事態法では、有事において、国や自治体が必要な措置をとることが明記された。また、万一、日本が武力攻撃を受けるにいたった場合に、国民をいかに保護するのかをあらかじめ計画しておくことを定めた「国民保護法」が二〇〇四年に成立した。同法の成立にともない、各自治体には「国民保護計画」を策定することが求められた。

国民保護計画に対応する自治体

国民保護計画では、着上陸攻撃、ゲリラや特殊部隊による攻撃、弾道ミサイル攻撃、航空攻撃という四類型の「武力攻撃事態」に加え、大規模テロなどの「緊急対処事態」をも対象に、これらの事態における国民の保護施策を定めることとされている。

災害対策基本法では、自治体に地域住民の安全を守る基本的な責務が課せられているのに対し、国民保護法では、政府の方針の下で国全体として万全の措置を講ずることをできるようにするとして、自治体が政府に従属した立場で、政府に協力することとされている。

有事＝戦争の際に政府がどのような対処をするのかを定めることは、当然のことのように見えるかもしれない。だが、日本が武力攻撃を受けるような事態を当然の前提とするのではなく、それはなぜ、どのような状況のもとで起きるのかを綿密に検討し、事前に防いでいく手立てはないのかを考えたほうが憲法の理念に沿っており、かつ現実的、生産的である。少なくとも、自然災害とは異なり、武力攻撃事態に対しては、政府自身で外交交渉を通じて平和的に解決することが可能であるはずである。したがって、自治体レベルでどのような対応をするのかを検討させようとするのは、計画策定を通じて自治体と国民に戦争への「心構え」をつけさせようとする狙いがあるのではないかとの疑念をいだかせるとともに、人々に奇異な印象を与える。

というのは、現在の軍事的な状況を考えるならば、核攻撃を含む「弾道ミサイル攻撃」や「航空攻撃」などの「武力攻撃事態」となれば、自治体レベルで対応できることは限られているからである。実際、内閣官房の国民保護ポータルサイトに載っている「核攻撃から生き残る方法」を例にとってみると、「閃光や火球が発生した場合には、失明するおそれがあるので見ないでください」「とっさに遮蔽物の陰に身を隠しましょう。地下施設やコンクリート建物であればより安全です」などというものである。これで本当に人々の生命が守られるといえるのであろうか。

そこで、広島市は、保護計画を定める「広島市国民保護協議会」の中に「核兵器攻撃被害想定専門部会」を設置し、被爆の経験などに基づく科学データなどを駆使して、核攻撃があった場合の詳細な被害想定などを含む報告書をまとめ、結論として次のように述べた。

「核兵器攻撃によってもたらされる被害を回避することは不可能であり、行政が最善の対処措置を講じることができたとしても、被害をわずかに軽減する程度の効果しか発揮し得ない。核兵器の破壊力はあまりにも巨大であり、また放射能汚染が対処活動を著しく制約するからである。さらに重大な困難を最後にもう一点付け加えれば、どれほど長い期間と巨額の資金を注いだとしても、核兵器攻撃災害による被災者の傷が完全に癒えることは、精神的にも肉体的にもあり得ない」

「市民を守るには核兵器を使用させないようにするほかに方策はないのである。……、核兵器攻撃から市民を守ることはできず、市民を守るには、意図的であるか偶発的であるかを問わず、核兵器攻撃の発生を防止する他に方策はなく、そのためには唯一、核兵器の廃絶しかないと答えざるを得ない」

長崎市は、核攻撃を被害想定項目から削除した国民保護計画をまとめている。米軍基地の集中する沖縄では、「有事を想定すること自体受け入れられない」とし、普天間飛行場のある宜野湾市のように、基地削減などに取り組むべきだとして、国民保護計画を策定していない自治体もある。

4　自治体が平和のためにできること

自治体が平和のために取り得る政策には、どのようなものがあるだろうか。ここでは、特に、安全保障の問題に自治体はどの程度関与することができるのか、また、それらの施策につきまとう限界は何かという観点から、いくつかの事例を紹介したい。

(1)平和に対する啓発活動

自治体の平和政策の中でもっとも多いものは、広島・長崎に原爆が投下され、敗戦を迎えた八月を「平和月間」と定め、戦時中の体験を戦後世代に語り継ぎ、「平和」の尊さを語り継ぐ事業を行なうというものである。

高知市では、一九八九年に市議会で、八月六日を「高知市平和の日」と定め、核廃絶と世界の恒久平和を願い、市民とともに平和思想を継承していくことが決議された。これにともない、毎年「高知市平和の日」記念事業として平和資料展などを開催している。広島・長崎両市が、原爆の投下された八月六日、九日に追悼式典を行なっていることは言うまでもない。両市の市長が式典で発する平和宣言の文言や、その平和宣言が起草される経緯に、人々の関心が注がれるようになっている。

このほか、戦争中に米軍によって空襲の被害を受けた自治体が、独自に「平和の日」を定める場合もある。例えば、戦争中、日本陸軍があり、現在は航空自衛隊岐阜基地の置かれている岐阜県各務原《かかみがはら》市では、一九九〇年に、「各務原市平和の日を定める条例」を制定し、「各務原市は、薄れていく戦争の悲惨さを顧み、平和の尊さを後世に伝えるため、各務原空襲のあった六月二二日を平和の日と定め、平和の誓いを新たにするものとする」としている。「各務原市民の戦時記録」によると、一九四五年六月二二日、那加駅周辺や川崎航空機各務原工場を中心とする工場群などが爆撃され、一六九人以上の尊い命が奪われた。同市では、毎年六月二二日には、市内の二八寺院で「平和の鐘」が鳴らされ、市民らがアジア・太平洋戦争末期の各務原空襲で犠牲となった人々を追悼し、恒久平和の誓いを胸に刻んでいる。

このように、多くの自治体では、平和に対する人々の関心を喚起する啓発活動に力を入れている。戦争体験者が減少し、戦争の痛切な記憶の風化が避けられない状況の中で、こうした自治体の取り組みは貴重な意義を持つものと言えるが、一方で、安全保障政策を政府の「専管事項」とする考え方や財政難の問題などから、一部の例外を除き、多くの自治体が市民に対する啓発活動以上の内容に踏み込めずにいるのが実情である。

(2) 核兵器廃絶の訴え

核廃絶こそが本質的な「国民保護」であるという考え方からすると、有事法制にもとづく国民保護計画の策定よりも、核兵器を廃絶するための取り組みを進めることのほうが有意義であるといえよう。

冷戦時代には、米ソ両陣営が対立する中で核軍拡競争が激化した。第三次世界大戦が起これば全面核戦争にいたるという危機感の中で、米ソの直接対決による全面核戦争を回避しようとする暗黙の了解が、一九六二年のキューバ危機を契機に生まれた。ただしそれは、どちらかが先制攻撃をすれば確実に報復を受けるということを米ソ双方が了解すること(「相互確証破壊戦略」と言われる)によって、「恐怖の均衡」による「核の平和」を求めた結果でもあった。

ヨーロッパにおいては、限定核戦争が現実に想定され、西欧・東欧の軍事基地に中距離ミサイルが配備された。イギリス政府は、国民に対して、「防御して生き残れ」(Protect and Survive)と称するパンフレットを各戸に配布した。これに対して、市民の側からは、「抗議して生き残る」(Protest and Survive)ことをスローガンとして掲げながら非核運動が展開され、マンチェスター市は、イギリスではじめて、一九八〇年代前半に非核自治体宣言を行なった。

日本では、冷戦時代のなかで、二つの時期に非核自治体運動の高揚がみられた。

第一の時期は、一九五四年に、ビキニ環礁において操業中であった第五福竜丸が、アメリカによる水爆実験によって「死の灰」を浴び、久保山愛吉船長が亡くなるという、第五福竜丸被災事件が起きたことを契機とするものである。「原爆マグロ」と呼ばれた、放射能を帯びたマグロが陸揚げされると、一家の食卓を預かる母親たちは、原水爆禁止のための署名を開始した。署名数は一九五四年末までに二〇〇〇万人を超えた。この署名運動は国際的な原水爆禁止運動の契機となり、一九五五年には、第一回の原水爆禁止世界大会が広島市で開かれ、一九五六年には日本原水爆被害者団体協議会が結成されるなどの盛り上がりをつくった。

第二の時期は、先ほど述べたように、ヨーロッパで非核運動が活発になる一九八〇年代である。この時期には、国連において三度にわたる国連軍縮特別総会が開かれ、日本でも全国、全世界の反戦平和運動と連帯する動きがみられた。

一九七八年に開かれた第一回国連軍縮特別総会では、それまでの国連での議論を総括し、軍縮への方向づけをした一二九項目におよぶ最終文書を、コンセンサス方式によって採択した。一九八二年に開催された第二回国連軍縮特別総会では、国連総会の歴史ではじめて、NGOや軍縮研究機関に提言を述べることが許された。この時期は、再び米ソ間の冷戦(第二次冷戦)が激化する中で、第一回目に採択された最終文書の具体化に失敗する一方で、国連本部の外では、危機意識を持った一〇〇万人近い市民によるデモが行なわれ、日本からも市民代表が送り込まれている。日本の非核自治体宣言運動は、この動きに呼応するものである。ちなみに、第三回目の会合は、一九八八年に開催されている。

日本では、日本非核宣言自治体協議会が一九八四年に広島県府中町で設立され、現在、長崎市長が会長をつとめる同協議会には、全国の二七三の自治体が加入している(二〇一一年六月一日現在)。現在、約一五〇〇の自治体が宣言を行なっていると言われている。ただ、こうした非核自治体宣言運動は、その後、どれほどの影響を社会に与えているか、政府の安全保障政策に影響を与えるものになっているかどうかを改めて考えなければならないだろう。

たしかに、日本政府に非核三原則の遵守を求める非核自治体宣言には、人々に非核への問題意識を啓発する意味がある。だが、日本政府の安全保障政策がアメリカの「核の傘」に守られていることを前提にしている点を考えると、核兵器廃絶を本気で進めようとするならば、日米安保体制の見直しは避けられない。スローガンとしての「非核」にとどまっていないか、「専管事項」という言葉の前に思考停止するのではなく、より現実的に非核の世界への歩みを進めていくためにはどうすればいいのか、検討が必要だろう。

被爆都市、広島・長崎の主張

被爆都市である広島市と長崎市による核兵器廃絶の訴えは、さまざまな機会を通じて世界に届けられている。核兵器の違法性をめぐる国際司法裁判所の口頭陳述(一九九五年一一月七日)において、核抑止力に依拠する日本国政府が「実定国際法に違反するとまではいえない」という見解を示したのに対し、広島・長崎両市の市長が「核兵器の使用は国際法に違反する」とした証言を行ない、政府と異なる見解を示した。

一九九六年七月八日、国際司法裁判所は、国連総会の要請に対して、勧告的意見を下した。この中で、核兵器の使用または威嚇を具体的に正当化する、もしくは禁止する国際慣習法ないし条約は存在しないが、「国連憲章第二条第四項に違反し、第五一条の必要条件のすべてを満たさないような核兵器による武力の行使または威嚇は違法である」と述べた。また、「核兵器の威嚇または行使は、武力紛争に適用される国際法の規則、とりわけ国際人道法の原則および規則に一般的に反するであろう」とした。ただし、「国家の存続そのものが危うくされるような自衛の極限状況において核兵器の威嚇または使用が違法であるか合法であるかについて、裁判所ははっきりと結論づけることができない」として、その判断を回避した。

港湾法の規定を活用する——非核神戸方式

日本には、港湾法という法律がある。一九五〇年五月三一日に公布された法律で、第一条には、「交通の発達及び国土の適正な利用と均衡ある発展に資するため、環境の保全に配慮しつつ、港湾の秩序ある整備と適正な運営を図るとともに、航路を開発し、及び保全することを目的とする」と規定され、港湾の管理者は自治体であることを規定している。

日本の法律の中には、憲法の平和主義がところどころに埋め込まれている。この港湾法の規定もその一つで、戦前は政府の統轄下にあった港湾管理を自治体に移したのは、港湾施設を政府の起こす戦争のためには用いさせないとする立法者の意思が込められている。

そして、日本の非核三原則を具体化させるための手段として港湾法を活用したのが、兵庫県神戸市である。

一九七四年、米退役海軍少将のラロック氏が、米議会で、「核兵器艦載可能な艦船は、日本あるいは他の国に寄港する際、核兵器を降ろすことはしない」と証言し、日本の非核三原則(「持たず、作らず、持ち込ませず」)における「持ち込ませず」の部分に違反しているのではないかという疑惑が一挙に表面化した。

このため、一九七四年一二月における市議会答弁で、当時の宮崎辰雄・神戸市長は、「私は、港湾管理者の立場として、この問題が正確に解明されない以上、この艦艇の入港に対しては拒否したいと考えております」と答弁し、一九七五年三月一八日、神戸市議会では、「非核神戸港宣言」が全会一致で採択された。この結果、外国軍の艦船が神戸港に入港する際には非核証明書の提出が求められるようになり、提出のない場合は、入港が認められなくなった。

それまで、神戸港には、一九五七年に三一一隻、一九五八年に一一八隻、一九五九年に一一〇隻、一九六〇年に一三〇隻、一九六〇年から七四年までの間に四三二隻と、米艦船が頻繁に入港していた。しかし、決議後は、三七年もの間、米艦船入港はゼロである。同時期(一九七五年から二〇一一年まで)、神戸港以外の一般港には、米艦船が五九港に七六〇回も入港している(外務省資料による)。非核神戸方式の動きは国際的に注目され、ニュージーランドにおいても、一九八七年に、核兵器積載艦艇を拒否する非核法が制定されるなどの影響を与えている。

アメリカの核兵器についての基本政策は、NCND(Neither confirm nor deny——存在するとも存在しないとも言わない)政策である。すなわち、「抑止力」を維持するため、艦船に核兵器を搭載しているか否かは明らかにしないというものである。これが、非核証明書を文書で求めるとした「非核神戸方式」と抵触するのである。

非核神戸方式は、一九九〇年代に入ると、改めて、多くの自治体で着目されるようになってきた。たとえば、高知県では、橋本大二郎・高知県知事(当時)が、非核神戸方式を高知県港湾施設管理条例に盛り込もうとした。この理由に挙げたのが、高知県の山間部などで断続的に続く米軍機の低空飛行訓練であったとされる(『朝日新聞』一九九九年二月二四日)。

在日米軍機による低空飛行訓練によって、民間の道路や発電所が仮想目標にされ、これまでに幾多の事故が起きており、日米安保条約による訓練空域外での訓練に対し、地域住民の暮らしを守るといった観点から、自治体は繰り返し抗議を行なっている。こうした動きに対し、日米安保条約との兼ね合いから、日本政府は、非核神戸方式を導入しようとする自治体に圧力をかけるようになってきた。

函館港でも、小樽港に米空母が入港したことから危機感を持った市民たちが、一九九八年、超党派の市民団体として、「非核・平和函館市民条例を実現する会」を発足させた。しかし、高知県にしても、函館市にしても、「外交・防衛は国の専管事項」とする意見が市議会でも多数を占め、条例案は否決されている。

神戸においても、神戸市が積極的にPRしないことと相まって、非核神戸方式を知らない人の割合が増えてきている。保守系市議などからは、「神戸は反米的というイメージを与え、経済面も含めて対米関係でデメリットが大きく、見直すべき」とする声があがっているとも伝えられている(『神戸新聞』二〇〇五年三月一八日)。非核神戸方式の行く末も安泰とはいえないのが現状である。

(3)「戦争に巻き込まれない」ための政策

多くの自治体の平和事業が、啓発活動にとどまるのに対して、戦争が起きれば、都市が被害を受けるという認識に立ち、「戦争に巻き込まれない」ための政策をとる自治体もある。

戦争に巻き込まれない政策をとる自治体の登場は、一九六〇年代の革新自治体の盛り上がりが背景にある。日本が高度経済成長期に入ると、公害問題など、市民生活にさまざまな負の影響がみられるようになってきた。こうした状況の中で、当時の社会党や共産党が支援する革新首長が選挙で当選する自治体が続出し、公害対策などにおいて、政府の政策を先取りする政策が立案されるようになってきた。

革新自治体の成果として、「①市民参加を基本とした政治・行政手続きの民主的改革を進めたこと、②高度経済成長中心の政策を、市民生活基準(シビル・ミニマム)に基づく市民福祉型に転換させたこと、③国家主導型の政治から、市民・自治体主導型の政治への転換を進めたこと」があげられる(全国革新市長会・地方自治センター編『資料・革新自治体』日本評論社、一九九〇年)。これらの革新自治体は、平和政策においても積極的な姿勢をとった。

たとえば、自治体が原則として拒むことのできない、政府の「機関委任事務」とされた自衛官募集業務を、「自衛隊は憲法違反の存在」などとして拒否する自治体が数多く出た。さらに、釧路市の自衛艦入港拒否をめぐる動き(一九六七年)、横浜市の米軍戦車輸送阻止運動(一九七二年)、先ほど述べた神戸市の核兵器積載艦艇入港拒否(一九七五年)などもあげられる。

こうした動きが、アメリカによる安全保障に日本をゆだねるのか、それとも、憲法の平和主義にもとづく道を行くのかという、戦後日本の安全保障のあり方をめぐる論戦とも大きく関わっていたことは、もっと注目されていいだろう。すなわち、濃淡はあるにせよ、革新自治体の多くは、日米安保体制を見直す問題提起を行なうと同時に、「暮らしの中に憲法の理念を取り入れる」ことを目標として掲げていた。紛争の解決手段として武力を用いることを禁じた日本国憲法第九条や、前文に規定された平和的生存権の理念を尊重する姿勢をとることによって、「二度と戦争をしない」ことを地方自治のレベルから提起しようとしたのである。

無防備都市宣言

無防備都市宣言運動とは、ジュネーブ諸条約追加第一議定書第五九条において、「いかなる手段によっても紛争当事国が無防備地域を攻撃すること」を禁止している規定を活用し、地域から軍事力の存在をなくすことによって地域の安全を確保し、宣言都市を拡げることによって、地域を軍事攻撃から除外しようとする動きである。

奈良県天理市では、一九八五年に無防備地域宣言を含む条例の制定を市の労働組合協議会が直接請求したが、これに対し、当時の市長は、条例案の提出について「平和を願う熱意は理解するが、国防上のことは国が措置すべきで、条例は、憲法、地方自治法の範囲を超える」との意見書を提出し、一九八六年一月の臨時市議会では反対多数で否決された。東京都小平市でも地域住民によって同様の直接請求運動が一九八八年に起きているが、同じく市議会で否決されている。

無防備都市宣言運動の中心となっているのは、市民団体の無防備地域宣言運動全国ネットワークであるが、これまで地方議会に提出された無防備地域条例案は、すべての自治体議会によって否決されている。ここでも、安全保障の問題は政府の「専管事項」であるとする自治体の姿勢が立ちはだかっている。

広島／長崎両市を中心とする平和市長会議

安全保障の問題に対して自治体が消極的な姿勢をみせるなか、被爆都市、広島・長崎両市の動きは、他の自治体とは異なった意味合いを持っている。多くの自治体が、平和事業として、地域の住民の代表者を八月に広島・長崎両市で開催される平和式典に送り出すなどしている。この広島・長崎両市を中心として「平和市長会議」が組織され、世界的な規模で、核廃絶を中心的テーマとして、さまざまなキャンペーンを展開している。

平和市長会議の発端は、一九八二年六月二四日、ニューヨークの国連本部で開催された第二回国連軍縮特別総会において、当時の荒木武・広島市長が、世界の都市が国境を超えて連帯し、ともに核兵器廃絶への道を切り開こうと「核兵器廃絶に向けての都市連帯推進計画」を提唱し、広島・長崎両市長から世界各国の市長宛てに、この計画への賛同を求めたことにはじまる。当時は、「世界平和連帯都市市長会議」と呼んでおり、一九九〇年三月に国連広報局NGOとして、一九九一年五月には国連経済社会理事会よりカテゴリーⅡというステータス（現在は「特殊協議資格」と改称）を保持するNGOとして登録された。その後、秋葉忠利市長時代に「平和市長会議（Mayors for Peace）」と名称を変更した。現在、世界一五三カ国・地域の五一三八都市の賛同を得ている（二〇一二年五月一日現在）。

平和市長会議は、現在もさまざまなプロジェクトを展開している。一つは、二〇〇三年に策定された、二〇二〇年までに核兵器廃絶を目指す具体的な行動指針である「二〇二〇ビジョン（核兵器廃絶のための緊急行動)」である。これは、世界の都市、市民、NGOなどとの連携を図りながら、核兵器廃絶に向けた取り組みを世界的に展開するものである。このプロジェクトには、欧州議会、全米市長会議、核戦争防止国際医師会議(IPPNW)、全米黒人市長会議、都市・自治体連合(UCLG)、日本の全国市長会、日本非核宣言自治体協議会などが賛同決議をあげている。

また、軍事攻撃は住民の暮らす都市を対象にすることから、平和市長会議では、「都市を攻撃するな(Cities Are Not Targets)」というプロジェクトを、世界中の自治体を巻き込んで展開中である。二〇〇七年から開始された市民署名活動では、二〇一〇年五月の核不拡散条約再検討会議までに一〇〇万を超す署名が集められ、同会議議長に提出された。

(4)「平和条例」を定める

平和行政の推進を求める条例を議会で制定することによって、首長が変わろうとも、自治体として平和行政に継続的かつ積極的に取り組もうとする自治体もある。

たとえば、東京都中野区(一九九〇年)、沖縄県読谷村(一九九一年)、東京都三鷹市(一九九二年)、神奈川県藤沢市(一九九五年)などでは、平和行政の推進にあたっての条例を定めている。また、市内での核兵器の製造、保有、持ち込み及び使用に協力しないとする条例を制定する自治体として、千葉県佐倉市(一九九五年)、東京都西東京市(二〇〇一年)、宮城県気仙沼市(二〇〇一年)、兵庫県宝塚市(二〇〇三年)、岡山県倉敷市(二〇〇六年)、千葉県我孫子市(二〇〇八年)、長崎県時津町(二〇〇八年)などがあげられる。

このほかに、自治体が平和事業を実施するための予算措置を行なうことを条例で定めるところもある。例えば、東京都品川区（一九八六年）、新潟県十日町市（一九八八年）、東京都日野市（一九八八年）、東京都世田谷区（一九九〇年）、東京都板橋区（一九九五年）、神奈川県藤沢市（一九八九年）、千葉県市川市（一九九〇年）、千葉県浦安市（一九九一年）、千葉県松戸市（一九九三年）、埼玉県川越市（一九九四年）、兵庫県宝塚市（一九九五年）、茨城県取手市（一九九五年）、岩手県金ヶ崎町（二〇〇一年）などである。また、滋賀県は、二〇〇二年に滋賀県平和祈念施設整備基金条例を制定し、二〇一二年に滋賀県平和祈念館が開設されるまでの間、ホームページ上で、滋賀県バーチャル平和祈念館を開設した（ホームページは現在も残っている）。

また、米軍基地の騒音に苦しむ神奈川県大和市では、二〇〇五年に制定された「大和市自治基本条例」の中で、「第二九条　市長及び市議会は、市民の安全及び安心並びに快適な生活を守るため、厚木基地の移転が実現するよう努めるものとする。二　市長及び市議会は、国や他の自治体と連携して、厚木基地に起因して生ずる航空機騒音等の問題解決に努めなければならない」と定めている。このように、米軍基地の騒音に苦しむ自治体のなかには、条例を制定して基地問題の解決を図ろうとする自治体もある。

（5）政府の安全保障政策に異議を唱える

基地などを持たない一般的な自治体において、自治権を擁護する立場から、政府の安全保障政策に異議を唱えるケースとしては、一九九八年に施行された新ガイドライン関連法審議の際に、

「新ガイドラインは自治体や民間機能も動員する国民総動員体制をつくり、地方自治権を無視する憲法違反の内容」(北海道釧路町)、「有事法制化は、地方自治権の崩壊につながる」(東京都狛江市ほか)といった意見書を出したケースなどが見られるが、基本的には少数である。

しかし、二〇〇五年から二〇〇六年にかけて、米軍再編によって、在日米軍基地の再配置が進められることが発表されると、それに影響を受ける自治体の中には、政府の安全保障政策に対して強く異議を唱えるようになったところもある。ここでは、米軍海兵隊岩国基地のある、山口県岩国市のケースを取りあげる。

山口県岩国市の事例

山口県岩国市では、一九八〇年代から、市街地に近い米軍海兵隊基地の滑走路を沖合に移設することを政府に陳情してきた。当初は、むしろ基地と共存していくために、基地問題について積極的に政府に働きかけを行なおうとする姿勢であった。

一九九五年、沖縄で米兵による少女暴行事件が起きた。日米両政府のあいだで、沖縄県内における基地の再配置を行ない、結果として、沖縄における基地負担の軽減を図ろうとする「沖縄に関する特別行動委員会(SACO)」が設置され、SACO合意が結ばれると、米軍海兵隊岩国基地は、沖縄県宜野湾市の普天間飛行場の空中給油・輸送機部隊の移駐先とされた。岩国市議会は一九九六年三月に「移駐反対の要望」決議をあげたが、一九九七年一月二八日に貴船悦光・岩国市長(当時)は、「沖縄の皆様の気持ちに少しでも応えたい」と、岩国基地への移駐受け入れを表明した。この背景のひとつとして、基地に頼らざるを得ない岩国市の地域経済の厳しい状況があったといわれている。

普天間飛行場からの空中給油機の受け入れを認めた岩国市には、政府から岩国市役所庁舎改築事業に対する補助金が支給された。しかし、米軍再編によって、さらに厚木基地から空母艦載機五九機が岩国基地に移駐されることが発表されると、これ以上の基地負担は認められないとの井原勝介・岩国市長(当時)の判断により、二〇〇六年三月一二日に住民投票が実施された。

井原勝介市長のスタンスは、現在の米軍基地は認めるけれども、これ以上の基地負担は受け入れられないとするものであり、市民に大きな影響を与える問題については、市民の意思を尊重しようとするものであった。そのため、米軍再編の問題が起きる前から、井原市長は市民投票条例案を議会に提出し、条例案が可決・制定されていた。この市民投票条例では、投票率が五〇%を超えた場合に開票を行なうとされていた。

二〇〇六年三月に行なわれた市民投票では、投票率は全有資格者の五八・六八%に達し、空母艦載機受け入れに反対の票が、当日有資格者全体の過半数を占める結果となった。そのため、井原勝介市長は空母艦載機の受け入れ反対を正式に表明した。それに対して政府は、二〇〇七年度の補助金を凍結し、岩国市と政府との対立が深まった。

市役所改築への補助金はSACO合意に基づいて空中給油・輸送機を受け入れたことに対する「見返り」であり、米軍再編により、厚木基地から空母艦載機を移駐する問題とは無関係であった。しかし、政府によって補助金がカットされると、市長と市議会との対立も深まり、二〇〇七年度の市長提出予算案が四度も議会で否決される事態となった。

井原市長は二〇〇七年一二月、議会に対して辞職願を提出し、二〇〇八年二月一〇日に在日米軍再編を争点とした出直し市長選が行なわれた。その結果、在日米軍再編に関して政府との条件交渉を求める新人の福田良彦候補が、移転反対を訴えた前職の井原勝介候補に僅差で勝利した。空母艦載機受け入れ容認の市長が当選したとして、岩国市への補助金交付は再開された。

二〇一二年一月二九日には、ふたたび市長選挙が行なわれ、福田良彦市長が再選、二期目に入った。福田市長は、防衛省からの予算措置を利用し、医療費の無料化や公立学校の耐震化を実施するなどして、基地を受け入れることの「見返り」を市民の目に見える形で実現し、市民に基地との共存を受け入れることを求めている。現在では、空母艦載機受け入れを前提として、岩国基地の民間空港開港をめざすとともに、滑走路の沖合移設に必要な土砂を採石したあとの愛宕山を米軍住宅とするために、土地を防衛省に売却した。これに対しては、周辺地の住民の反発が強く、一一万筆を超える建設反対の署名が集まっている。

(6)平和ミュージアムや平和資料館をつくる

アジア・太平洋戦争の記憶を後世に伝えるために、いくつかの自治体では、平和ミュージアムを設立している。

広島市が第三セクター方式で運営する広島平和記念資料館、長崎市の設立する長崎原爆資料館、沖縄県の設置した沖縄県平和祈念資料館などは、修学旅行で訪れる生徒も多く、全国的に有名であるが、これ以外にも、大阪府と大阪市の共同出資によるピースおおさか（大阪国際平和センター）、神奈川県立地球市民かながわプラザ、川崎市平和館、埼玉県平和資料館などが存在している。これらの平和資料館は、民間によるひめゆり平和祈念資料館、対馬丸記念館などとともに、日本平和博物館会議を構成している。ただし、アジア・太平洋戦争における日本の加害責任にかかわる展示に対しては、日本の加害責任を否定する保守系の政治家や団体などからの反発が強く、特に近年、自治体の設置する平和博物館では、戦争責任に関する展示を避ける傾向にある。

一例をあげると、かつて特攻隊が飛び立った旧陸軍大刀洗飛行場の存在した福岡県筑前町は、ほかにも戦跡が点在していることもあり、それらを紹介する戦時資料や写真などをテーマ別に展示する筑前町立大刀洗平和記念館を開設しているが、その展示では、戦争の起きた経過や加害の問題は触れられていない。

このほかにも、広い意味での平和をテーマにした博物館としては、堺市立平和と人権資料館など、平和と人権を結びつけたミュージアムがあり、高知市の「平和の日」関連事業は、高知市立自由民権記念館で行なわれている。

戦争体験者が高齢のため、戦争を語り継ぐ人たちが次第に減っていく中で、戦争と平和を見つめ直すとともに、今日的な平和の課題を考える空間を自治体が設置し、学校教育や社会教育の場として活用していくことは、平和をつくりだすうえで大きな意義があるといえるだろう。

5　沖縄に見る民衆と自治体のパワー

日本政府がアメリカとの日米安全保障条約に基づく軍事的な同盟関係を強化する方針を採り続けているなか、沖縄県に押しつけられている基地負担はあまりに重い。これは、構造的差別とも呼ぶべき問題である。

沖縄は、長い間、琉球王国として独自の文化を育んできた。しかし、一八七五年、明治政府によって「琉球処分」が行なわれ、日本国に属する沖縄県が設置されて以来、日本政府によって翻弄され、虐げられてきた歴史をもつ。

アジア・太平洋戦争では、日本で唯一の地上戦が行なわれた。県民の十数万人が犠牲になった沖縄戦は、「本土決戦に至る時間稼ぎの場」と位置づけられた、いわば捨て石作戦であった。日本の敗戦後、沖縄も含めて日本はアメリカに軍事占領されたが、沖縄以外の日本が、一九五一年に締結されたサンフランシスコ講和条約によって主権を回復してからも、沖縄は、アメリカ軍にとって極東における重要な戦略拠点と位置づけられ、アメリカによる軍事占領が続けられた。

一九七二年五月一五日に沖縄の施政権がアメリカから日本に「返還」、いわゆる「本土復帰」がなされてから、二〇一二年で四〇年が経過した。だが、「核抜き・本土並み」というスローガンを掲げて沖縄の施政権が返還されたものの、四〇年が経過した今もなお、在日米軍基地の約七四％が沖縄に集中する差別的構造は変わらない。

三次にわたる「沖縄振興開発計画」と、二〇〇二年に制定された「沖縄振興特別措置法」にもとづく「沖縄振興計画」は、基地の集中する沖縄に対する日本政府の懐柔策であった。これらの政策によって、沖縄は、自立した地域経済を支えるための製造業が育成されることはなく、政府によって、公共事業を中心とするいびつな地域経済構造がつくりだされてきた。近年では観光業の伸びが著しいが、九・一一米国同時多発テロの際には、米軍基地が集中する沖縄でもテロが発生するのではないかと危惧した人たちが観光旅行や修学旅行を相次いでキャンセルしたことに見られるように、米軍基地が存在することによる経済リスクをも沖縄は負っている。

沖縄県の失業率は本土に比べて依然として高い。「銃剣とブルドーザー」によってつくられた米軍基地は人々の暮らす生活圏のなかに存続し、日本国憲法に規定されているはずの平和的生存権が保障されているといえる現状にはない。

少女暴行事件を契機とする沖縄県民の怒り

一九九五年九月に起きた少女暴行事件は、あらためて、米軍基地による基地負担の重さを、多くの沖縄県民に認識させた。翌一〇月二一日、県民総決起大会(主催者発表で八万五〇〇〇人が参加)が開催され、ここで、大田昌秀・沖縄県知事(当時)は、米軍用地の土地貸借に必要な手続きである「代理署名」を拒否することを明言した。政府の安全保障政策による自治体の異議申し立てとして、過去に例を見ない強さを持つ抗議といえる。

このことにより、日米両政府は、沖縄の自治体の理解と協力がなくては、米軍基地を安定的に使用することができないということを認識するに至る。日米両政府は、一九九五年一一月一日、沖縄に関する行動委員会（ＳＡＣＯ）の設置を決め、基地負担の軽減を話し合うことで沖縄県民の怒りを静めようとする一方で、日本政府は、沖縄県知事を相手に、いわゆる「代理署名訴訟」を福岡高裁那覇支部に提起した。

一九九六年四月一二日、当時の橋本首相は、モンデール駐日米大使と共同記者会見を行ない、普天間飛行場を五年から七年以内に全面返還することで合意したと発表した。同年一二月にＳＡＣＯ最終報告がだされ、普天間飛行場の全面返還を含む一一の施設の返還が発表された。他方、沖縄県民の意思は、一九九六年九月八日、米軍基地の整理・縮小と日米地位協定の見直しを問う県民投票において、八九％もの人たちが、米軍の整理・縮小と日米地位協定の見直しに賛成票を投じたことによって表された。

大田昌秀・沖縄県知事が代理署名を拒否したことにより、一部の米軍基地の土地が、法的に正当な使用権限のない不法占拠状態になる事態が想定された。このため、政府は急きょ、「駐留軍用地特措法」の改正案を国会に提出し、一九九七年四月二八日に成立した。これにより、米軍基地用地の使用権喪失という事態から政府は免れることとなった。

これと同時に、代理署名などの、政府から自治体への「機関委任事務」についての検討がなされ、一九九七年九月二日に提出された地方分権推進委員会の第三次勧告では、「駐留軍用地特措法に基づく土地の使用または収容に関する事務は国の直接執行事務」と位置づけられた。こうして、一九九九年、政府は、地方分権一括法を制定し、自治体の事務を、法定受託事務と自治事務に再編すると同時に、安全保障に関連する事務を政府の直接事務とした。

現在では、政府の財政難も背景にして、「地方分権」や「地域主権」といったスローガンのもと、地域に多くの権限と事務作業を委譲しようとする動きが見られるようになってきた。しかし、安全保障の問題では、むしろ中央集権化が進められている。政府は、決定事項を一方的に当該自治体や地域住民に通達し、負担に対する「見返り」を提供することで地元住民の「理解」を得ようとする。また、自治体の側も、安全保障の問題は政府の「専管事項」であるとして、自治体の、政府による安全保障政策に踏み込もうとはしない。この自縛を乗り越えられるか否かが、真に自治体が平和を築いていく主体となるための試金石となるだろう。

SACO合意と普天間返還

普天間飛行場の返還をはじめとする一一の米軍施設の「返還」を盛り込んだSACO合意は、実際にはそのうちの七つに「県内移設」という条件をつけている。ここでは、いま日本で自治体と平和の関係を考える際に避けて通ることのできないテーマとして、名護市辺野古と東村高江《ひがしそんたかえ》の米軍基地移設問題について、少し詳しく見ておきたい。

SACO合意によって建設が予定されている新たな基地は、名護市や東村などのある沖縄本島北部に集約され、基地機能の強化が図られようとしている。住宅密集地の中心部に位置し、世界的に見ても危険性の高い普天間飛行場の移設候補先として、名護市のキャンプ・シュワブがあげられた。

政府の提示する北部振興策を受け入れる代わりに新基地建設も受け入れようとする住民と、基地機能強化によるさらなる基地負担を拒む住民との間に分断が起きた。

名護市では、一九九六年七月と一一月に、市主催の、海上基地建設反対市民総決起大会が開催された。ただし、二度目の一一月の大会では、北部建設協議会が条件付きで海上基地を北部に誘致する動きを見せ、それに関連して、市商工会が実行委員会の構成団体から外れるなど、一回目の大会とは状況が大きく変化した。報道によれば、一九九六年一一月に市議会で二度目の反対決議がなされた後の記者団の質問に対し、当時の比嘉鉄也市長は、「何がなんでも反対では政治はできない。話を聞く門戸は開いておく」(『沖縄タイムス』一九九七年一二月一九日)と答え、海上ヘリ基地に断固反対としてきた市長の発言は変化していく。

翌一九九七年一月、地元辺野古区の住民たちによって「ヘリポート建設阻止協議会(命を守る会)」が結成される。一方で海上ヘリ基地を容認する区民も現れるなか、同年六月に「ヘリポート基地建設の是非を問う名護市民投票推進協議会」(推進協)が結成され、八月に一万九七三五人の住民投票条例の制定を求める署名を提出した。これは、条例制定の直接請求に必要な全有権者の五〇分の一(約七六〇人)を大幅に上回り、全有権者の半数以上の署名が集まったことを意味する。その結果を受けて、一〇月の市議会では、名護市議会が市民投票条例を可決したが、当初の住民の案にはない選択肢を入れ、四択とした市民投票条例となった。

こうして、一九九七年一二月にキャンプ・シュワブのある沖縄県名護市では、市民投票が行なわれた。投票率は八二・四五％という高率に達し、「賛成」と「条件付き賛成」をあわせて四五・三一％、「反対」と「条件付き反対」をあわせて五二・八五％と、反対票が過半数を占める結果となった。しかし、当時の比嘉市長は、住民投票の結果に背いて移設受け入れを表明し、市長を辞職する事態となった。その後、後継の岸本建男市長や島袋吉和市長も、基地建設の工法や、滑走路の位置など、国の提示する条件には異議を唱えながらも、基地建設そのものには容認の姿勢であった。

しかし、反対運動によって作業が膠着してきたこの期間に、政府が基地建設の「見返り」として実施してきた北部振興策によっても、名護市の失業率は改善せず、地元企業も潤うことはなかった。二〇〇九年に、普天間飛行場の移転候補地は「最低でも県外」と主張する、民主党に政権交代した。こうした状況も追い風となって、二〇一〇年一月二四日の市長選挙では、基地建設に反対する稲嶺進氏が当選し、地元自治体が辺野古への基地建設に、明確にノーをつきつける状況となった。

辺野古の海上基地建設のためにボーリング調査を進めようとする那覇防衛施設局（当時。現在は沖縄防衛局と名称変更）と、それを阻止しようとする反対運動によって、海上基地という当初計画は変更を余儀なくさせられた。現在の稲嶺市長は移設反対のスタンスであり、もともとは容認する姿勢も見せていた仲井真弘多・沖縄県知事も、二期目をかけた二〇一一年の県知事選挙以来、沖縄県民の強い世論を受け、県内移設に反対の態度をとっている。

現在では、多くの沖縄県民は、普天間基地の辺野古移設に反対の姿勢を見せており、アメリカのシンクタンクや議員の中にも、辺野古移設は事実上不可能であると考えている者もいるが、日本政府は辺野古移設計画を撤回していない。

2章でも触れたが、政府は、二〇〇七年八月、米軍再編計画の進展度合いに応じて、関係市町村に交付する再編交付金を、減額かゼロにできることなどを定めた「米軍再編特措法」(駐留軍等の再編の円滑な実施に関する特別措置法)を施行させた。従来、基地負担を押しつけられた関係自治体に対する「迷惑料」としての意味合いの強かった政府からの補助金が、政府の方針に従うか否かで交付が打ち切られる、典型的な「アメとムチ」政策に変化したのである。

新基地建設に反対する名護市に対して政府は、二〇〇九年度、一〇年度分の計約一七億円の交付を取りやめると通知したが、さらに沖縄防衛局は、二〇一一年一月二八日、名護市辺野古周辺海域の環境現況評価を名護市が二〇一〇年一一月三〇日に不許可としたことに対して、その取り消しを求めて、行政不服審査法に基づく異議申し立てを、名護市長および名護市教育長に対して行なった。この法律は本来、国民の権利を保護する目的でつくられたものであり、それを政府が自治体を訴える根拠として用いるのは異例であるが、政府の沖縄に対する強権ぶりが目立つ現状にある。

東村高江区のヘリパッド建設

SACO最終報告において、北部訓練場の過半部分の返還にともなって閉鎖されるヘリパッド(ヘリコプター着陸帯)の代わりに、新たなヘリパッドを建設することが決められた。これが、東村高江区の集落を取り囲むように六カ所移設されることが明らかになったのは二〇〇七年である。ＳＡＣＯ合意から一〇年近く何の動きもなかった高江であるが、二〇〇七年七月三日、那覇防衛施設局（当時）が訓練場進入路三カ所に仮設ゲートを設置し、ショベルカーの搬入や深夜作業の着手などの動きを起こした。それに対して地元住民は、ヘリパッド建設予定地に至る進入路のゲート前で座り込みをはじめた。

人口一六〇名あまりの高江区だが、中学生以下の占める人口の割合は二割を超える。この高江区の生活圏の中にあり、生活道路である県道八〇号線からわずか二〇〇メートル足らずしか離れていない既存のヘリパッドでは、夜中一一時近くまで米軍ヘリによるタッチ・アンド・ゴーの訓練が繰り返され、住民はヘリコプターの墜落といった恐怖に日常的にさらされている。新たなヘリパッド建設を、当時の那覇防衛施設局（現在の沖縄防衛局）が進めようとした二〇〇七年以降、「ヘリパッドいらない住民の会」が発足し、今日に至っている。

測量などの本体工事にかかる一部の作業は始められたものの、こうした住民の反対によって、現在に至るまで工事の本格的着手には至っていない。その間、特別天然記念物とされているノグチゲラの繁殖期をはずして、工事業者と座り込みの人たちとのもみ合いが起きている。地元の高江区では、一九九九年と二〇〇六年、二度にわたって反対決議をあげている。しかし、東村長は、二〇一二年に配備が予定されているオスプレイ配備には反対しているものの、基本的にヘリパッドの建設は容認している。仲井真知事も同じく容認の姿勢を見せている。

政府による嫌がらせ(スラップ)訴訟

沖縄にある米軍基地は、多くが「銃剣とブルドーザー」によってつくられたものであるが、北部訓練場だけは国有地である。このため、既存のヘリパッドの横に新たにヘリパッド建設の進められるゲート前に座り込みのテントを構える住民に対し、沖縄防衛局は、国有地への立ち入りを妨害したとして、住民一五名に対し通行妨害禁止処分とするよう裁判所に仮処分を申し立てた。この通知は、二〇〇八年一一月二五日、那覇地裁から住民たちに届けられた。その中には、八歳(当時)の少女も含まれていたが、八歳の少女を被告とする政府の訴えは世論の批判を受け、その後、沖縄防衛局によって取り下げられた。

二〇〇九年一二月一一日、那覇地方裁判所は、大部分の人々への仮処分申し立てを却下する一方で、「ヘリパッドいらない住民の会」の共同代表である住民二人に対して仮処分を決定した。二人は、「自分たちの行動は正当な意思表明であり、監視行動である」と主張し、那覇地方裁判所による、通行妨害禁止処分の決定に不服であるとして、自民党から民主党へ政権交代した後も政府が裁判を起こすつもりなのかを問うための手続き(起訴命令申し立て)を行なった。民主党連立政権が、かつての自公政権のような人権侵害まがいの訴訟を継続しないのであれば裁判は行なわれず、二人に対する仮処分は取り消しとなるはずであった。しかし、二〇一〇年一月二九日、千葉景子法務大臣(当時)のもとで、政府は二人に対して、裁判の場で争う手続き開始を決定した(起訴決定)。

この裁判は憲法上保障されている表現の自由に対する侵害行為といえよう。政府など、権力を行使する側にある者が、政府や自治体などへの対応を求めて行動を起こした社会的弱者に対する恫喝、発言封じ、いじめなどを目的とする、加罰的ないし報復的な訴訟のことを、スラップ訴訟(Strategic Lawsuit Against Public Participation)という。高江のこの裁判は、日本で起きたスラップ訴訟のはじめてのケースだといえる。起訴決定は旧・自公政権が、司法を利用して住民の反対を弾圧しようとする動きを、民主党連立政権が継承したことになる。

沖縄防衛局が高江区の住民に対して説明会を開催したのは、二〇一〇年二月一日の一度限りである。しかも、その説明会において沖縄防衛局側は、新たに建設されるヘリパッドを用いたヘリコプターの訓練飛行ルートも明らかにせず、どのような機種がどの程度の頻度で飛来するかも明らかにしなかった。また、騒音被害に対しては、その都度、米軍に対して申し立てを行なうと言いながらも、それが果たして米軍の訓練に影響を与えることができるのかはわからないと説明された。これらの説明に住民が到底納得しえないことは当然であろう。現在も住宅や道路の上を、縦横無尽に、昼夜を問わず、超低空で米軍ヘリが飛んでいるからである。

判決は二〇一二年三月一四日、那覇地裁において下された。政府に訴えられていた「ヘリパッドいらない住民の会」の共同代表二人のうち、一人については政府の請求を棄却したが、もう一人に対しては、「純然たる表現活動の範囲を超える」として通行妨害禁止命令が下された。また、政府はインターネットのブログなどで座り込みを呼びかけることも「通行妨害」だと主張していたが、これについては棄却された。現在、控訴審が続けられている。

6　自治体の平和政策の限界

これまで本書において、政府だけでなく自治体の側も、安全保障や外交の問題は政府の「専管事項」であるとして、平和政策のさらなる展開に踏み込まないことが、現在の自治体の平和政策の限界であることを指摘してきた。しかし、問題はこのほかにもある。ここでは、それらの点について、考えてみたい。

軍の役割変容にとまどう自治体

政府の安全保障政策の基本は、他国からの軍事侵略を脅威とみなし、このことに軍事力を用いて対処することである。しかし、特に、二〇〇一年に起きた、米中枢同時多発テロによって、世界が直面している脅威は、他国からの軍事侵略だけではないことが明らかとなった。

本来、テロ対策は警察の役割である。しかし、日本では、一九九五年にオウム真理教による地下鉄サリン事件が起き、国家以外の存在であっても、化学兵器などを持つことによって多大な被害をもたらせることが明らかとなり、今では、テロリストに核拡散が及ぶことまで想定されるようになってきた。警察レベルの装備では対応が追いつかなくなり、軍事力によって、テロ対策を行なう必要が生まれてきた。

また、二〇一一年の福島第一原子力発電所の事故では事故を収束させる緊急作業と放射能汚染が問題となり、自衛隊の出動が求められるようになった。こうして、今では、自衛隊と警察の境界が曖昧となり、自衛隊の役割が大きく変容してきている。そこで、このことに対して、自治体がどのような姿勢をみせているのかを示す例として、自衛官の募集業務にかかわる動きを紹介しよう。

自衛官の募集業務は機関委任事務（現在の「法定受託事務」）として位置づけられ、自治体がその業務を拒むことは原則として許されない。しかし、一九七三年に「自衛隊は違憲」とする、いわゆる長沼ナイキ基地訴訟の福島判決が出されると、多くの革新自治体では自衛官の募集業務を停止した。

しかし、最近は、平和を求める政策に先駆的に取り組んできた自治体においても、自衛官の募集業務を再開する動きが見られるようになった。

たとえば、長崎市では、水害や雲仙・普賢岳の復旧作業で自衛隊に支えられたため、一九九一年から広報紙への掲載を行なうようになっている。また、広島市においてもこれまで「平和文化都市」にそぐわないとして広報誌への自衛官募集の記事掲載を拒んできたが、阪神大震災を契機に、自衛隊との協力関係を見直したいとして、一九九六年度から広報誌への掲載をはじめた。

現在の防衛計画大綱では、「大規模・特殊災害等への対応」が、「新たな脅威や多様な事態への実効的な対応」の一つとされ、自衛隊が果たすべき役割の一つに位置づけられている。自衛隊は、天変地異その他の災害に対して、人命や財産の保護のために必要があると認められる場合は、都道府県知事の要請に基づき(ただし、特に緊急を要する場合は、要請を待たずに)、防衛大臣またはその指定するものの命令により派遣され、被災者や遭難した船舶・航空機の捜索・救助、水防、医療、防疫、給水、人員や物資の輸送など、さまざまな災害救助活動を行なうこととされている。このように、「大規模災害等各種の事態への対応」に自治体が積極的に応じることにより、自衛隊の違憲性に対する自治体側の問題提起が封じ込められる事例が多い。

日本ではじめて非核平和都市宣言を行なった愛知県半田市では、平和教育をめざすとして、中学校の夏休みに行なわれる職場体験の行き先から自衛隊を除外しているが、こうしたケースは例外的になりつつある。非常事態における警察と軍事力との関係を考え直すことは、自治体の平和政策を考える際にも、重要なポイントとなってきている。

有事法制による地方自治の制約

一九九六年四月、冷戦後の日米安保体制の役割を再定義した「日米安保共同宣言」が日米間で調印され、冷戦構造が終結した今日においても日米安保体制の役割は重要であり、日米による「同盟関係」はアジア太平洋地域の安定にとって不可欠であると述べられた。さらに、約一〇万人の前方展開軍事要員を維持することがうたわれた。他方で、一九九五年に沖縄県で起きた米兵による少女暴行事件などによる沖縄県民の反基地感情に配慮し、米軍基地の整理・統合・縮小が盛り込まれた。

日米安保「再定義」の動きに呼応するかのように、一九九六年以降、米艦船は、新たに二二の港に初入港している。入港時にはその港湾の利用条件や環境を調査していると言われている。一九九七年八月二九日の『朝日新聞』は、米軍が、「周辺有事」の際に、港湾・空港を使用する対象として、小樽港、神戸港など十数カ所を名指しで要求してきたと報じている。

周辺事態法による自治体の協力要請

一九九七年には、「日米防衛協力のための指針」の改訂（新ガイドラインと呼ばれる）が行なわれ、①平時（平素から行なう協力）、②有事前（日本に対する武力攻撃が差し迫っている場合の対処行動）、③日本有事（日本に対する武力攻撃がなされた場合の対処行動）、④周辺事態（日本周辺地域における事態で日本の平和と安全に重要な影響を与える場合の協力）、の四つの場合に分けて、日米防衛協力のための新たな指針が示された。

これにともない、一九九九年に制定された「周辺事態法」は、「周辺事態」に対応して日本が実施する措置、その実施の手続きなどの必要な事項を定め、第九条で、「関係行政機関の長は、法令及び基本計画に従い、地方公共団体の長に対し、その有する権限の行使について必要な協力を求めることができる」という規定が盛り込まれた。ただし、二〇〇〇年七月に政府が発表した「周辺事態法九条の解説」では、港湾などの使用にあたっては、「周辺事態においても、通常と同様、地方公共団体の長（港湾管理者）の許可を得る必要がある」と述べている。

先に触れた非核神戸方式に対しては、近接する姫路港に三回にわたって米艦船を入港させることによって（二〇〇一年八月、二〇〇三年一一月、二〇〇六年八月）、少しずつではあるが、神戸港に対して圧力をかけはじめている。米艦船の姫路港入港の際、兵庫県は米側に、「非核三原則の状況」について「照会」したが、米側は、「個々の艦船について議論しない」として、事実上、回答を拒否した。しかし兵庫県側は、外務省の「事前協議なし」の「回答」とあわせて、「非核が証明された」として入港を許可している。

米軍再編による影響

現在、米軍再編の流れの中で、自衛隊による米軍基地の共同使用など日米防衛協力が進み、日米間における指揮指令系統の統合が計画されている。

二〇〇六年に発表された「再編実施のための日米のロードマップ」では、「キャンプ座間の米陸軍司令部は、二〇〇八米会計年度までに改編される。その後、陸上自衛隊中央即応集団司令部が、二〇一二年度(以下、日本国の会計年度)までにキャンプ座間に移転する。自衛隊のヘリコプターは、キャンプ座間のキャスナー・ヘリポートに出入りすることができる」と記されている。このように、本土の自治体においても、沖縄県と同様、米軍の基地問題と無関係ではなくなってきている。すでに岩国などでは米兵による自動車事故などが頻発する状況が起きており、また、危険性の高いオスプレイが全国各地で低空飛行訓練を行なう予定であることなどから、政府の安全保障政策と地域住民の安全との間の齟齬《そご》が、今後、広がっていくと見られる。

すでに紹介したが、二〇〇七年に制定された米軍再編特措法によって、米軍再編への自治体の協力の度合いに応じて交付金が支給されることが定められた。当時の自公政権のもとで成立し、野党だった民主党は反対したのだが、政権交代後の民主党政権は、この再編交付金を用いて、沖縄県・名護市に揺さぶりをかけている。

こうした矛盾は、しかし、沖縄で典型的に見られるように、ますます政府の安全保障政策への信頼を失わせる結果になっている。

住民の反対のために進まない基地移設などに業を煮やした日本政府は、司法の場に自治体や住民を訴え出るという挙にも出ている。しかし、政府が外交や安全保障の問題を政府の「専管事項」であるとして、地域住民の意思を無視して強硬手段に訴えれば訴えるほど、自治体側の「協力」と「理解」は遠のいていくばかりであろう。沖縄の事例によって、すでに明らかなように、政府の安全保障政策は自治体の理解なくして円滑に進めることは不可能となってきている。この傾向は今後も変わらないだろう。なぜならば、それは「自分たちの地域のことは自分たちで決める」という自治の原則、さらに言えば民主主義そのものの動向だからである。

その意味で、まさに自治と平和とは、車の両輪であるといっていいだろう。そのことを、次の7章で確認していきたい。

7　自治体の平和政策が世界を変える

地域の自治をより強固なものにし、自治体の平和事業を拡充させ、地域住民の声を政府の安全保障政策などに反映させていくことが、結果的に、地域から平和を実現することにつながる。自治体が平和の確立に向けて果たしうる可能性は、非常に大きいといってよい。

また、日本国憲法の存在も、それを後押ししている。憲法に地方自治に関する章が盛り込まれ、港湾法などの規定が自治体の権限を重視しているねらいは、地域から平和を築き、平和を守ることにあった。

だが、その一方で、日本では戦前から連綿と続く中央集権的な国家統治の形態も根強く残っており、地方分権に逆行する有事法制の成立やアメリカ政府からの圧力とも相まって、平和の問題に対して、自治体が発言することを難しくさせている現状がある。日米安保体制の持つ地域住民への加害性・暴力性について真正面から声をあげている自治体は、沖縄や、米軍機の低空飛行訓練など、直接的な被害を日常的に受けている自治体に限られている。

しかし、自治体は、地域住民の願いと意向を政府に伝えるべき行政機関であり、同時に、国家主権を持たない非国家的行為体として、国境を越えて、諸外国との自治体と連帯することによって信頼醸成をはぐくみ、脱軍事化の可能性を拓《ひら》くことができる存在である。

最後に、次の二点を指摘して、本書のまとめとしたい。

安全保障政策の受益者は誰か

第一に、安全保障の受益者とは誰なのか、という問題である。政府の「安全保障」政策によって、地域住民の「安全」は、本当に「保障」されているのだろうか。むしろそれが国民の生活を犠牲にしているとすれば、本末転倒としか言いようがない。倒錯した政府の安全保障政策の論理を批判し、改善を求めていくことは、行政機関としての自治体の役割である。

日米安保体制の矛盾が集中的に現れている沖縄県であるが、沖縄の問題は、すでに指摘したように、実は本土にもあてはまるようになってきている。米軍再編が進められる中で、山口県岩国市では、厚木基地からの空母艦載機が移駐することによって、騒音被害が発生すると同時に、地域の環境を破壊しながら米軍住宅の建設が進められていることはすでに述べた。このように、安全保障は国家の「専管事項」であるとして、自治体が声をあげずにいると、政府主導で地域の住環境などを重視しない枠組みがつくられていくことにもなる。

今、日本には、米軍の後方支援の役割が求められている。日本政府は、積極的に米軍の後方支援をすることが自国の「国益」につながると考えるとともに、後方支援は、直接戦闘行為を行なわないのであるから、憲法第九条に違反しないと考えている。

しかし、これは大きな間違いである。戦争の際には、後方支援なくして戦えないことは、日本が過去に犯した過ちをみれば分かるとおりである。

今すべきことは、アジアの一員としての日本の役割を考え、アメリカとアジア諸国との橋渡しをすることによって、北東アジアにおける脱軍事化への道を模索することである。そのために、日本の自治体が、海外の自治体と国際交流提携を積極的に結んでいくことは意義のあることである。被爆都市である広島・長崎両市を中心とする平和市長会議は、核兵器廃絶の問題を通して、今では、より広く、平和の問題を考えるための問題提起の場となっているが、これ以外にも、日本海をはさんで、対岸の自治体が交流を結ぶ、北東アジア地域の自治体交流など、さまざまな模索が進められている。

平和をつくるための自治体の役割

第二に、改めて、平和をつくるための自治体の役割と可能性に言及したい。

平和という概念には、さまざまな意味が含まれていることを、本書の1章で指摘した。その意味で、自治体の役割は、広い意味での「平和」の創造にほかならないという一面を持っている。だが、特に、安全保障の問題と自治体の役割とを重ね合わせてみたときに、自治体の役割とは、地域住民の安全・安心な暮らしを保障することである。

中央集権体制の残滓《ざんし》に対して、自治体は、日本国憲法の平和主義をもとに、たとえば港湾法の活用によって非核神戸方式を採用したり、軍用地提供に必要な代理署名を拒否したり、海上基地の造成に必要な埋め立て許可を行なわなかったりするなど、さまざまな方策を見いだして、政府に対して異議を申し立ててきた。

もちろん、政府は、こうした動きをつぶそうとする。大田昌秀沖縄県知事（当時）による代理署名拒否という事態に対しては、代理署名という手続きそのものを、政府による直接事務とすることで権限を奪った。これは、逆の見方をすれば、自治体の「平和力」の強さを意味しているのではないだろうか。

自治体の側も、政府からさまざまな形で補助金を受け取っていることから、政府の反感をかうような事柄には口出しをしない。平和ミュージアムにおける加害責任をめぐる展示に対しても、保守系の団体からの介入を呼ぶとして、消極的な姿勢をとっている。しかし、過去の過ちを真摯に受け止める意思を表明することでしか、日本を取り巻く周辺諸国からの信頼を勝ち取ることはできない。政府に国家としての体面があって、過去の歴史の清算ができないのであれば、自治体が、姉妹都市提携を結ぶなどして、草の根の交流を進めていくことによって、政府とは異なる論理で行動していくことが期待される。

二〇一一年に起きた、福島第一原子力発電所の事故は、改めて、政府の対応の無策ぶりを露呈するとともに、政府の主張する論理をそのまま受け止めていては、地域住民の安心・安全な暮らしを守ることはできないことが明白になった。

今こそ、私たちは、自治体の平和力を最大限に活用しながら、地域から「平和」を築き、「平和」を発信する時に来ているのではないだろうか。

＊本稿は、平成二四年度科学研究費助成事業基盤研究（C）「自治体の『平和政策』に関する包括的調査と地域からの安全保障に関する考察」（課題番号二四五三〇一五八）による研究成果の一部である。

池尾靖志
1968年，名古屋市生まれ．立命館大学社会システム研究所客員研究員．平和学，国際関係論専攻．編著に『平和学をつくる』(晃洋書房)，伊波洋一氏・井原勝介氏との共著に『地域から平和をきずく』(同)，安斎育郎氏との共編著に『日本から発信する平和学』(法律文化社)など．

自治体の平和力　　岩波ブックレット 848

2012年8月7日　第1刷発行

著　者　池尾《いけお》　靖志《やすし》

発行者　山口昭男

発行所　株式会社 岩波書店
〒101-8002 東京都千代田区一ツ橋 2-5-5
電話案内 03-5210-4000　販売部 03-5210-4111
ブックレット編集部 03-5210-4069
http://www.iwanami.co.jp/hensyu/booklet/

印刷・製本　法令印刷　装丁　副田高行　表紙イラスト　藤原ヒロコ

ISBN 978-4-00-270848-5　　Printed in Japan

読者の皆さまへ

岩波ブックレットは，創刊25年を機に装丁を一新いたしました(2008年6月新刊より)．新しい装丁では，タイトル文字や本の背の色で，ジャンルをわけています．

赤系＝子ども，教育など
青系＝医療，福祉，法律など
緑系＝戦争と平和，環境など
紫系＝生き方，エッセイなど
茶系＝政治，経済，歴史など

これからも岩波ブックレットは，時代のトピックを迅速に取り上げ，くわしく，わかりやすく，発信していきます．

◆岩波ブックレットのホームページ◆

岩波書店のホームページでは，岩波書店の在庫書目すべてが「書名」「著者名」などから検索できます．また，岩波ブックレットのホームページには，岩波ブックレットの既刊書目全点一覧のほか，編集部からの「お知らせ」や，旬の書目を紹介する「今の一冊」，「今月の新刊」「来月の新刊予定」など，盛りだくさんの情報を掲載しております．ぜひご覧ください．

▶岩波書店ホームページ　http://www.iwanami.co.jp/◀
▶岩波ブックレットホームページ　http://www.iwanami.co.jp/hensyu/booklet◀

◆岩波ブックレットのご注文について◆

岩波書店の刊行物は注文制です．お求めの岩波ブックレットが小売書店の店頭にない場合は，書店窓口にてご注文ください．なお岩波書店に直接ご注文くださる場合は，岩波書店ホームページの「オンラインショップ」(小売書店でのお受け取りとご自宅宛発送がお選びいただけます)，または岩波書店〈ブックオーダー係〉をご利用ください．「オンラインショップ」，〈ブックオーダー係〉のいずれも，弊社から発送する場合の送料は，1回のご注文につき一律380円をいただきます．さらに「代金引換」を希望される場合は，手数料200円が加わります．

▶岩波書店〈ブックオーダー〉　☎049(287)5721　FAX 049(287)5742◀